Telse Maria Kähler

Einfach Frau sein

Gedanken
zur

Schmetterlingszeit

Bibliografische Information der Deutschen National-bibliothek:
Die Deutsche Nationalbibliothek verzeichnet diese Publikation in der Deutschen Nationalbibliografie; detaillierte bibliografische Daten sind im Internet über http://dnb.dnb.de abrufbar.

Herstellung und Verlag:
BoD – Books on Demand, Norderstedt

ISBN: 978-3-7448-1305-1

Gern stehe ich im Kontakt mit meinen Lesern und freue mich über ein Feedback.

Bitte senden Sie mir eine Mail an:
info@telse-maria-kaehler.de

MIX
Papier aus verantwortungsvollen Quellen
Paper from responsible sources
FSC® C105338

Inhalt

Alltag ...

Schleier der Frau

Schleier der Wahrheit, jetzt ist es so weit.
Zu lüften dein Geheimnis bin ich bereit.
Was macht „Frau sein" aus – objektiv betrachtet?
Was bedeutet „Frau sein" wirklich
- ohne Ballast behaftet?

Was macht mir Angst, was lehne ich ab?
Was lebte ich nicht, weil keinen Mut ich gehabt?
Da gibt es Dinge, das spür ich genau,
die trennen mich von dem Gefühl
„Ich bin ganz Frau".

Eingesperrt sein zwischen Kinder und Haus,
das macht den Schleier vieler Traditionen aus.
Hat dieser Schleier auch mich verschreckt?
Hat er die Gleichberechtigung dadurch versteckt?

Will ich der Sexualität einen Rahmen geben,
ist es Zeit, einen weiteren Schleier zu heben.
Auf das eigene Erleben mit Lebensfreude bauen,
benötigt Liebe, Achtung und Vertrauen.

Muttersein mit Babylachen und Geschrei,
Begleitung und Versorgung
bei der Erwachsenwerderei.
Auch das macht nur einen Teil
des „Frau seins" aus,
denn Kinder gehen ganz schnell aus dem Haus.

...

Erfolgreich sein - sich entwickeln und entfalten,
kaum ein Beruf kann
dies Versprechen wirklich halten.
Unter manch Karriereschleier
verbirgt sich Ärger und Verdruss,
weil eine Frau sich immer wieder anpassen muss.

Muss ich als Frau schön sein,
nur weil die Umwelt es so will?
Muss ich leben in einem mir vorsuggerierten Stil?
Unter diesem Schleier verbirgt
sich so manches Spiel.
Muss eine Frau es spielen oder tut sie es,
weil sie es tun will?

Was sind die Dinge, die dem „Frau sein"
das Besondere verleihen,
die sie in das Mysterium
ganz „Frau zu sein" einweihen?
In jeder Frau wirkt tief verbogen diese Melodie,
doch viel zu viele Schleier verbergen sie.

Missverständnisse – falsche Bilder – Glauben,
alles Schleier, die das „Frau sein" nicht erlauben.
Ich will es wissen, es fühlen und es verstehen,
will die „freie Frau" finden,
sie leben und zu ihr stehen.

Lebensträume

Seit dem mein Leben eine andere Gangart hat,
findet alles
in einem unbekannten Rhythmus statt.
Langeweile macht sich breit.
Wie bitte fülle ich meine Zeit?

Ich weiß nicht, wie soll es gelingen,
was tat ich gern, kann Zufriedenheit mir bringen?
Zu viele Jahre habe ich damit verbracht,
nur an die Anderen habe ich gedacht.
Verloren scheint das eigene Ziel,
verloren, was ich wirklich will.

Ruhe erfüllt mein Herz
– kein Streben und Verlangen,
doch wenn ich so lebe,
ist der Tag sehr schnell vergangen.
Unaufhaltsam Stück für Stück,
bleibt dann unverbraucht die Zeit zurück.

Ist mein Leben nur Beschäftigungstherapie?
Meine Visionen – wo finde ich sie?
Was einst so wichtig war ist öd und leer.
Wo nehme ich meine Lebensträume wieder her?

Langsam hebe ich sie aus dem Dunkeln,
jetzt ist es Zeit,
jetzt dürfen sie als neue Sterne funkeln.

Glitzer der Welt

Glitzer der Welt
du mich gefangen hältst.
Ich will erfahren, wer ich selber bin,
doch schau ich immerzu zu deinem Glitzer hin.

Tempo dieser Welt,
deine Geschwindigkeit mich in Atem hält.
Mein Kopf ist voll, ich hab keine Zeit,
wann endlich bin ich für den Wandel bereit?

Leben in dieser Welt,
mein Kopf so vieles in Frage stellt.
Spür ich dann genauer hin,
fühle ich, dass ich einsam bin.

Lieben in dieser Welt,
die Liebe mich vor große Rätsel stellt.
Und doch gibt sie meinem Alltag Sinn,
zeigt mir, dass ich wichtig bin.

Abstand

Wieder so eine Zeit, ich glaube mich zu verlieren.
In dieser Zeit gilt es nur zu funktionieren.
Niemals kommt eine Herausforderung allein,
immer scheint es gleich eine Serie zu sein.

Hilfe! Ich halte es nicht länger aus,
drum klinke ich mich aus diesem Alltag aus.
Mit etwas Abstand von dem ganzen Stress,
sich so manches leichter ändern lässt.

Trauer

Trauer erfüllt mein Herz,
Einsamkeit und Schmerz.
Leere, Stille, toter Raum,
die Zeit rast - ich merk es kaum.

Beklommen Erforderliches verrichten,
Erinnerungen an Vergangenes sich verdichten.
Geburt, Leben, Tod im ewigen Reigen.
Was bleibt mir? Nur das Schweigen.

Tränen leise rinnen,
Heilung kann beginnen.
Gefühle nun durch Worte wandeln,
Kraft finden zum neuen Handeln.

Ein Lächeln erfüllt den Raum,
Freude kommt, man merkt es kaum.
Schritt für Schritt lass ich dich in Liebe gehen,
weiß, eines Tages werde ich dich wiedersehen.

Ein Brief

Viel zu vieles zwischen uns blieb ungeklärt,
schade, denn den Abschied es erschwert.
Ich werde einen Brief dir schreiben,
denn zwischen uns soll nichts offen bleiben.

So schreibe ich dir, was ich dir nie gesagt,
was ich versäumt oder nie gewagt.
Kläre in Worten, was mich bedrückt,
bitte um Verzeihung
– schreibe, was mich beglückt.

Vergebe, wo du mich hast verletzt,
drücke aus,
was mich in Angst und Schrecken hat versetzt.
Gedanken und Gefühle in Worte kleiden,
Beziehungen heilen - dann von dir scheiden.

Wirst du meinen Brief auch niemals lesen,
klärt er doch, was zwischen uns gewesen.
So kann ein Kreis sich schließen
und in den Abschied neues Leben fließen.

Schatten der Nacht

Schatten der Nacht,
wieder einmal bin ich aufgewacht.
Wild klopft mein Herz
fühle in mir diesen großen Schmerz.

Schatten der Nacht, was kann das sein,
was bereitet mir diese Pein?
Ich liege still da,
frage mich, was das wieder war.

Es war nur ein Traum
so real - man glaubt es kaum.
Ich atme tief durch,
ein Gebet vertreibt meine Furcht.

Lange noch liege ich wach
und denk über diese Schatten nach.
Schatten der Nacht
wieder einmal habt ihr mir Angst gemacht.

Vergeben

Ursache und Wirkung ist im Leben,
alles was wir sind, tun und wonach wir streben.
Weil all mein Tun nie ohne Wirkung bleibt,
ist es so wichtig, dass man mir verzeiht.

Wo fehlt die Freude, sitzt noch Schmerz,
wo plagt das Gewissen – gefriert mein Herz?
Egal ob ich nun Opfer oder Täter bin,
verzeihen und vergeben
macht auch in meinem Leben Sinn.

Vergeben – neue Ruhe im Sturm
des Lebens finden,
wenn quälende Gefühle
mich an alte Erinnerungen binden.
Vergeben – eine andere Sicht gewinnen,
Erlebnisse betrachten – ordnen – neu beginnen.

Vergeben
– wenn das Wissen um das eigene Versagen,
Angst und Zweifel
mich im Schlaf und im Alltag plagen.
Vergeben
– den anderen und mir selber verzeihen.
Durch Vergebung dem Leben
neue Kraft verleihen.

Sinn

Loslassen Stück für Stück,
und jetzt? Wo ist das Glück?
Will ich die Lebensfreude am Leben halten,
muss ich mein Leben neu gestalten.

In meinem Leben tritt ein Wandel ein,
dem will ich gewachsen sein.
Alte Grenzen sprengen,
nicht mehr am Alten hängen.

Doch worin liegt der Sinn?
Was will ich bewegen, wo will ich hin?
Mich von Gott führen lassen, dass macht Sinn,
weil ich dann voll im Vertrauen bin.

Einfach nur Alltag

Ach, könnt es doch einfach wieder nur Alltag sein,
dann müsste mein Leben wieder machbar sein.

Ereignis für Ereignis wie Perlen auf einer Schnur,
rauben so viel Kraft und sind doch das Leben pur.
Vergangen ist die Zeit
in der Alltag alltäglich erschien,
jetzt sehne ich mich nach Tagen,
durch den sich keine Krisen ziehn.

Der Alltag, der so alltäglich erscheint,
dessen Rhythmus
Stabilität und Sicherheit vereint.
Einfach nur sein, seine Arbeit tun,
Gemeinsamkeit pflegen oder einfach nur ruhn.

Wie könnt mein Leben doch einfach sein,
könnt es doch endlich wieder
einfach nur Alltag sein.

Was ich will

Was ich will, kann ich nicht benennen,
was ich wirklich will,
scheine ich nicht einmal zu kennen.
Was ich nicht will, das kann ich dir sagen.
Was ich wirklich will, will ich jetzt fragen.

Ich will glücklich und zufrieden leben.
Ich will Anderen Trost und Liebe geben.
Ich will helfen, etwas für dich tun.
Ich will Dinge ändern – Gutes tun.

Doch willst du, was ich dir will geben?
Wollt ihr, dass ich diese Welt verändere?
Euer Leben?
Oder glaube ich nur, dass ihr es wollt?
Oder tu ich nur, was ihr so wollt?

Wo liegt verborgen da der Sinn?
Wo bringt mich dieses Spielchen hin?
Ich darf sein, wie ich es selber will,
solange ich es für mich selber will.

Schattenspiele

Du willst in Licht und Liebe leben?
In deinem Leben soll es keine Schatten geben?
Ohne Schatten nimmst du das Schöne nicht wahr,
sie gehören zu dir, weil das schon immer so war.

Schatten gehören zu dir, wie zu jeder Frau,
sie zu leben ist eine Entscheidung,
darauf ich vertrau.
Wer seine Schatten verleugnet, gibt ihnen Macht
und wird immer aufs Neue
in Versuchung gebracht.

Hast du erkannt die Strategie deiner Schatten,
nimmst du wahr, welche Wirkung sie hatten.
Sie wollen leben, denn sie sind da und sind dein,
bestimme du den Rahmen und
lass dann die Schatten Schatten sein.

Mut

Mut, um eigene Wege zu gehen,
Mut, um zu diesem Weg zu stehen.

Mut, um Neues zu wagen,
Mut, um die Verantwortung dafür zu tragen.

Mut, um mal gegen den Strom zu schwimmen,
Mut, um mehr Individualität zu gewinnen.

Mut, um Hinzuschauen und nicht weg,
Mut, um Anzupacken für einen guten Zweck.

Mut, um Nein zu sagen,
Mut, um auch einmal zu fragen.

Mut zum Handeln, wenn gehandelt werden muss,
Mut zu warten und zu genießen was Genuss.

Mut, um die eigene Meinung zu vertreten,
Mut, um auch öffentlich zu beten.

Mut ist eine von Gottes Gaben.
Ich danke Gott, endlich wieder Mut zu haben.

Der Weg

Ich gehe den Weg, der mich bringt zurück,
zurück in die Liebe, in mein eigenes Glück.

Ich gehe den Weg, der für mich bestimmt,
Gewissheit nun alle Zweifel mir nimmt.

Ich gehe diesen Weg, es tut mir so gut,
habe zum Leben und Handeln den nötigen Mut.

Ich gehe den Weg – froh, dass ich es gewagt,
schau in mein Herz, was die Liebe mir sagt.

Liebe

In Liebe sein,
welch wunderschönes Gefühl.

Ich weiß, was ich will,
bin niemals allein,
und brauche niemals einsam sein.

Voll im Vertrauen
kann ich vertrauen,
und gelassen in die Zukunft schauen.

Es ist wie es ist,
wenn du in Liebe bist.

... erleben ...

Entscheidung
und Neuorientierung

Etwas im Leben soll anders sein,
denn das kann doch noch
nicht alles gewesen sein.
Wagen - den ersten Schritt,
beginnen – das Leben gerät aus dem Tritt.

„Ent"-scheidung - ich muss mich trennen,
falsche Muster, Illusionen – ich will sie erkennen.
„Ent"-scheidung,
weil ich frage, was ich wirklich will.
„Ent"-scheidung,
weil ich spüre, sonst steh ich still.

„Ent"-scheidungen - in vielen kleinen Schritten,
erkennen und loslassen, danken und bitten.

Neuorientierung
- eine neue Zeit fängt für mich an.
weil ich wieder fühlen, wachsen und leben kann.

„Ent"-scheidungen,
sie bauen auf neuem Wissen auf,

Veränderungen,
nun nehme ich sie gern in Kauf.
Neuorientierung - fällt ganz leicht,
weil neues Denken dem alten weicht.

...

Die Freude am Leben – das ist der Weg!
Anschauen - was noch im Wege steht.
Erweitertes Denken, Fühlen und Handeln,

Neuorientierung – der Alltag beginnt sich zu wandeln.

Neuorientierung - Wandlung zur Liebe hin.
Sich als Mensch spüren - so wie „ich" wirklich bin.
Tief im Inneren finden einen neuen Sinn.
Wissen - dass ich in mir zu Hause bin.

Leben

Spürst du dieses Feuer, diese große Kraft in dir?
Fühle nur genau hin - sie gehört zu dir.

Spürst du, wie das Leben in deinem Körper ruft?
Höre auf zu verharren – überwinde diese Kluft.

Fühlst du dich gefangen, so als wärst du nicht du?
Höre auf dich zu verstecken - du findest keine Ruh.

Sehnst du dich nach Wandeln,
der in deinen Alltag tritt?

Höre auf zu warten – mach den ersten Schritt.

Leidenschaft

Ich sehe ihn an und mir wird klar,
diesen Traum zu leben wird niemals wahr.
So jung und kraftvoll werde ich niemals mehr sein,
dass ich mich mit Leidenschaft ließe
auf diesen Mann ein.

Die Nähe des Mannes schon von weiten spüren,
zittern, wenn seine Hände mich berühren.
Leidenschaftlich sein, um mich als Frau zu erleben,
ohne Vorbehalte mich meinen Gefühlen hingeben.

So ist wohl vorbei, was ich einst besessen,
diesen Teil von mir zu leben, hab ich fast vergessen.
Ich lächle ihn an und gehe vorbei,
mindestens zwanzig Jahre trennen uns zwei.

Das Geschenk

Das Leben hat mich reich beschenkt,
viel zu oft habe ich meinen Blick
in die falsche Richtung gelenkt.

Viel zu oft konnte ich dieses Geschenk nicht schätzen,
viel zu oft ließ ich mich von Anderen verletzen.

Bin ich mir meiner Gaben und Talente bewusst,
ist klar, dass sich etwas ändern muss.

Erkenne ich meinen Wert und den meines Lebens,
hört auf die Zeit des sinnlosen Strebens.

Die Ehe

Niemand hat es mir gesagt,
welch Abenteuer ich mit meinem „Ja" gewagt.
Jahr für Jahr denselben Mann,
uns beiden sieht man nun das Alter an.

Weißt du, wie sehr ich dich liebe?
Weißt du, wie gern ich mit dir lebe?
Viele Jahre habe ich dazu gebraucht
und mir hat so manches Mal der Kopf geraucht.

Wenn ich jetzt ganz bei mir selber bin
bekommt unsere Ehe noch mehr Sinn.
Es ist alles wie es ist,
einfach nur, weil du DU selber bist.

Alles kann dann sein wie es will,
uns verbindet ein ganz besonderes Gefühl.
Gemeinsam lassen wir uns noch einmal ein,
denn Ehe kann auch im Alter spannend sein.

Gemeinsamkeiten wieder wecken,
sich immer neu entdecken.
Noch lange nicht zu Ende ist,
was man in Ehejahren misst.

Sich noch einmal neu zu finden,
sich bewusst noch einmal binden.
Ja, Liebe kann so einfach sein,
lass ich mich auf ihre Führung ein.

Harmonie

Da liegen wir nun in Harmonie vereint.
Viele Nächte habe ich um dich geweint.
Sollte dadurch, dass ich meine Schatten bezwinge,
unsere Paarbeziehung neu gelingen?

Frieden und Harmonie in meinem Herzen wohnt,
verzeihen, loslassen, ich habe es früher nie gekonnt.
Loslassen der vielen kleinen Geschichten,
Ereignisse einfach einmal neu gewichten.

Was bedeutet die Liebe zwischen Frau und Mann,
wenn man sie nach Jahren neu betrachten kann?
Ich schließe die Augen und spüre genau hin,
„Ja" sagt mein Herz, „sie macht immer noch Sinn!"

Wahrnehmung

Ich bin deine Frau, wann siehst du es ein,
deine Mutter kann und will ich nicht sein.

Weil sie deine Mutter ist,
verbindet euch ein ganz besonderes Band,
doch wir sind verbunden, weil die Liebe uns fand.

Die Liebe zwischen Mutter und Sohn
geht nie wirklich verloren,
denn sie ist die Mutter – sie hat dich geboren.

Ich bin deine Frau,
will Partnerin und Geliebte dir sein,
denn es war die Liebe, deshalb ließ ich mich ein.

Hast du es vergessen? Dann lass dich neu ein!
Als Frau möchte ich von dir
geliebt und wahrgenommen sein.

Einzigartig

Kann eine Frau die Liebe eines Mannes
wirklich spüren,
beginnt sie sich als Frau neu zu definieren.
Sie liebt einen Mann - hat Angst sich zu verlieren,
fühlt ein starkes Band
und die Welt scheint zu vibrieren.

Der Sprung aus der Angst - einfach sein wie man ist,
dem Herzen folgen, das an inneren Werten misst.
Unvollkommenheit
mit den Augen der Liebe begreifen,
Neues entsteht - alte Muster weichen.

Die Liebe eines Mannes - ein ganz tiefes Gefühl,
stellt in Frage, was man wirklich will.
Ein Traum wird wahr, ein anderer vergeht,
der Wunsch nach dem zusammen SEIN entsteht.

Sie sind ganz sie selbst, folgen dem Ruf der Natur,
geben sich einander hin
und sind doch das Leben pur.

Für wenige Momente, einem Regenbogen gleich,
sind sie gemeinsam geborgen und unendlich reich.

Was dann

Wenn der Eine liebt, was er macht und was er kann,
der Andere es jedoch nicht verstehen kann
- Was macht er dann?

Bist du trotzdem die, die du gerne bist,
auch wenn der Andere will, dass du anders bist?
Oder ist es besser sich zu verbiegen,
Dinge tun, die einen gar nicht liegen?

Wie gelingt es die Erwartungen
des Anderen auszuhalten,
wenn sich Meinungen an Glaubensfragen spalten?
Kann ich zu dem stehen, was ich glaube, was ich tue?
Oder nimmt meine Kompromissbereitschaft zu?

Wo ist die Grenze? Wo gebe ich auf?
Nehme Streit oder Trennung ich in Kauf?
Wenn ich liebe, was ich tue, was ich kann,
es der Andere jedoch nicht verstehen kann,
was mach ich dann?

Schenk mir deine Zeit

Endlich allein mit dir!
Dich zu treffen, das war schwer,
der Terminkalender voll
– wo nehme ich die Zeit nur her?
Dann klingelt das Handy und du nimmst ab
und schon schneidest du
unserer Gespräch wieder ab.

Konzentrier dich auf mich, höre mir zu,
nehme dir für unser Zusammensein die nötige Ruh.
Dann kann es gelingen, dann lassen wir uns ein
und können wirklich zusammen sein.

Weil ich dich liebe

Weil ich dich liebe, bin ich bei dir,
will mit dir leben – du und ich – das sind wir.

Weil ich dich liebe,
habe ich oft Angst dich zu verlieren,
will dich festhalten - deine Liebe spüren.

Weil ich dich liebe, gibt es auch Streit,
ich kann vergeben, weil man mir verzeiht.

Weil ich dich liebe, habe ich viel erreicht,
kann neu gestalten, wenn sich Routine einschleicht.

Weil ich dich liebe,
kann ich dich immer neu entdecken,
mag sich unsere Liebe im Alltag
auch manchmal verstecken.

Weil ich dich liebe, erlebe ich dich jeden Tag neu,
will dich berühren, bleib dir ohne Reue treu.

Weil ich dich liebe,
lasse ich mich immer wieder ein,
denn nichts ist schöner als mit dir zusammen zu sein.

Ich liebe dich!

Sommerglut

Sommerglut – Sonnenflut,
woher kommt nur diese Wut.

Wie ein gedeckelter Vulkan,
fühlen sich meine Emotionen an.

Fremdbestimmt fühle ich mich in meinem Handeln,
wie eine Marionette an unsichtbaren Banden.

Die Sonne scheint mir ins Gesicht,
doch was ich wirklich fühle, weiß ich nicht.

Wut und unbekannte Aggressionen,
zeigen mir, wo noch Verletzungen wohnen.

Sommerglut – ein Gewitter, das tut gut.
Mit einem Knall entlädt sich meine Wut.

Wie nach einem kühlen Regenschwall,
ist vorbei die Wut – für dieses Mal.

Erkennen

Wenn die Liebe dir den richtigen Weg zeigt,
sie dir auch deine dunklen Seiten nicht verschweigt.
Nun fragt sie dich, wie stehst du zu dir,
wenn du erkennst: „Auch das gehört zu mir!"

Nimmst du dich an wie du selber bist,
wenn du erkennst, was Lüge nur ist?
Wenn du siehst von dir ist vieles nur Schein
und dir sagst: „So will ich nicht sein."

Was kommt, wenn dein Bild zerbricht,
und dein Herz die Wahrheit jetzt spricht.
Kannst du jetzt noch du selber sein,
wenn du weißt: „Es war nur Schein?"

Was kommt, wenn die Liebe zu dir spricht,
und dir zeigt dein wahres Gesicht.
Bist du still und dein Ego wird klein
oder sagst du: „Das kann doch nicht sein."

Doch du fühlst auch den Frieden in dir
spürst: „Auch der gehört zu mir!"
Du hast die Wahrheit erkannt,
denn keine Lüge hält der Liebe stand.

Mit Dankbarkeit ist dein Herz erfüllt,
und du fühlst dich gut so in Liebe eingehüllt.
Stark und mutig schaust du dir jetzt an,
was dein Leben dir noch bringen kann.

„Wechsel"-Jahre

Pubertät und Wechseljahre,
andauernd bekommen wir uns in die Haare.
Bei Beiden steht ein Wandel an,
den mit Worten man kaum beschreiben kann.

Zeig ich mich stark in diesem Spiel,
mit meinem unverwechselbarem Profil,
wird auch die Tochter es begreifen
und zur starken Frau heranreifen.

Veränderung, so wird sie erfahren,
heißt wachsen mit den Lebensjahren.
Ist so mancher Wandeln dann auch zäh,
bekommt er Sinn - tut nicht so weh.

Vom Kind zur jungen Frau,
es steht der erste Wandel an,
von der reifen zur alten Frau,
man es kaum begreifen kann.
Und doch bringt jeder Wandel neues Erleben,
kann Gelassenheit, Weisheit, neue Würde geben.

Steh ich mit Mut zu mir, bin ich in mir selber klar,
bringt mich jeder neue Schritt dem nächsten nah.
Dann schaffe ich es Stück für Stück
und blicke auf ein erfülltes Leben dann zurück.

Mutter sein

Sie ist zufrieden, ihrem Kind geht es gut,
Grenzen zu ziehen – wie oft fehlt der Mut.
Sie erfüllt Wünsche, die wichtig sind,
bis sie merkt, es sind ihre Wünsche,
nicht die des Kind.

Sie versucht zu geben, was ihr blieb versagt,
ihr Kind soll erreichen, was sie nie gewagt.
Sie hatte es schwer und sie nimmt sich zurück,
heimlich neidet sie ihrem Kind sein Glück.

Sie ist voller Zweifel, will eine „gute" Mutter sein,
ihrer Intuition zu folgen, fällt ihr nicht ein.
Mit dem Kind zu lachen sie viel zu oft vergisst,
weil Erziehung sie nach fremden Werten misst.

Sie reagiert wie ein Kind, ihr Kind sich beklagt,
weil dem Kind seine Mutter als Kind nicht behagt.
Dann wieder spielt sie ihrer eigener Mutter Spiel,
vergisst sich zu fragen, was sie wirklich will.

Das Kind soll ihr geben, was sie im Leben vermisst,
dass sie Verantwortung abgibt, sie dabei vergisst.
Ihr Kind hilft ihr durch Zeigen,
sie beginnt zu verstehen,
beginnt sich zu ändern, lässt alte Muster gehen.

...

Sie ist ganz sie selbst und lässt sich ein auf ihr Kind,
eine Zeit des gemeinsamen Glückes beginnt.
Sie ist voller Liebe, darf sein wie sie ist,
für sich selbst gut zu sorgen, sie nie wieder vergisst.

Lebensfülle

Eingebettet in ihrem Stachelgewand,
liegt die Kastanie in meiner Hand.
Kaum berühre ich ihre Hülle,
zerbricht sie – zeigt die Kastanie in voller Fülle.

Die Zeit der Ernte hat begonnen,
denn ich habe die Herausforderungen angenommen.
Aus Visionen formte sich ein Ziel,
aus den Zweifeln eine Strategie.

Ganz leicht zerbrach der Kastanie Hülle,
leicht zeigt sich nun auch meines Lebens Fülle.
Ich kenne mein Ziel – ich gehe voran.
Jetzt kommt es auf mein eigenes Handeln an.

... und fliegen

Hagebutte

In ihrer Kindheit wächst die Rose heran,
was aus ihr wird, man es nur ahnen kann.
Langsam wird aus der Knospe eine Rose dann,
sie folgt ihrem vorbestimmten Lebensplan.

In der Sonne des Lebens breitet sie sich aus,
genießt ihre Schönheit und strahlt in die Welt hinaus.
Doch schon wächst aus der Blüte die Frucht heran
und schon wieder steht ein Wandel an.

Hagebutte zu sein hat sie nie gewollt,
weil nur der Rose man Bewunderung zollt.
Doch in der Hagebutte steckt die Kraft,
die Grundlage für neues Leben schafft.

Auch uns Frauen fällt der Wandel schwer,
glauben oft, wir hätten keine Aufgaben mehr.
Doch steckt in uns einer Hagebutte gleich,
eine Kraft, die über Generationen reicht.

Das Foto

Sie schaut mich an, auf das Foto gebannt,
die junge Frau in dem bunten Gewand.
Das Haar weht im Wind, der Kopf geneigt,
keine Falte sich in ihrem Gesichte zeigt.

Ich denke zurück, welches Glück ich empfand,
was ich dachte und fühlte, als ich dort stand.
Ich war glücklich, weil ich mir dir zusammen war.
Ich war glücklich, weil ich unser Kind gebar.

Spürte ich diese Kraft, diesen Mut,
diesen Frieden in mir?
Nein - damals vertraute ich hauptsächlich dir.
Das Bild zeigt eine Frau aus einer anderen Zeit.
Es zeigt eine Frau, deren Weg ist noch weit.

Ganz Frau zu sein, ich wollte es leben,
wollte geben und geben und geben.
Ganz Frau sein ist anders, das hab ich erkannt.
Auch heute bin ich glücklich,
trage nur ein anderes Gewand.

Erinnerungen

Meisterlich gestaltet, schön anzusehen,
so möchte ich mein eigenes Leben sehen.
Noch will es nicht recht gelingen,
drum mit dem Aufräumen will ich beginnen.

Verborgene Spuren in meines Lebens Lauf,
langsam decke ich die hemmenden Muster auf.
Klare Linien sich schnell verlieren,
Puzzelteile der Erinnerungen lassen mich frieren.

Gemischte Gefühle, gebrochener Stolz,
lähmende Schwere, wie bei einer Figur aus Holz.
Festgeformt in meines Lebens Strukturen,
folge ich den alten, längst vergessenen Spuren.

Was gibt meinem Leben Halt und Bestand?
Wo wirkt noch ein blockierendes Band?
Die Alten gaben vielen meiner Muster die Gestalt,
für sie waren sie wichtig, gaben ihrem Leben Halt.

Ich will mich neu besinnen,
aus alten Strukturen neue Kraft gewinnen.
Und doch nicht länger im Gewesenen verweilen.
Lass alte Wunden endlich heilen.

Wenn Frieden kehrt ein in mein Leben,
kann ich nach neuen Erfahrungen streben.
Wenn das Alte dann dem Neuen weicht,
fällt die eigene Lebensgestaltung leicht.

Fragende Augen

Fragende Augen schauen mich an,
fragen, was man gegen Zukunftsangst tun kann.
Sie sind jung, sie wollen leben,
ihren Träumen einen Rahmen geben.

Sie wollen Sicherheit und Bestand,
Freiheit zum Werden – einen Familienverband.
Sie fürchten die Verlierer zu sein,
misstrauen dem, was wir brockten ein.

Sie suchen Chancen, wollen beteiligt sein,
brauchen Hilfe - jemanden, der sich setzt für sie ein.

Fragende Augen laden mich ein,
gemeinsam mit ihnen
den Herausforderungen gewachsen zu sein.

Die Geschichtenerzählerin

Ein neuer Abschnitt beginnt in meinem Leben.
Es ist die Zeit gekommen, Wissen weiterzugeben.
Will mein Leben in Frieden ich beenden,
darf ich Erlerntes nicht nur für mich verwenden.

Vieles habe ich erfahren und erlebt,
Fertigkeiten erworben
– Liebe und Harmonie angestrebt.
Von der Liebe will ich nun berichten,
doch auch vom Leiden.
Fehler – Missgeschicke – Freude in Worte kleiden.

Zusammensein – Geschichten erleben.
Mit Jung und Alt Gemeinsamkeiten pflegen.
Reden über die Zusammenhänge der Natur,
erzählen von Menschen und Tieren – Heilung pur.

Von Altem und Neuen will ich berichten,
bunt gestalten die Geschichten.
Und folge so dem Fluss allen Lebens.
Ich lass mich ein auf die Zeit des Gebens.

Erfahrungen

Jeden Tag werden neue Geschichten geboren
und doch geht von dem Wissen der Alten
vieles verloren.
Blicken auf das Lebensgefühl dieser Zeit,
andere Erkenntnisse stehen längst bereit.

Jede Generation hat ihr eigenes Lied,
nur für sie ist es wichtig, was in dieser Zeit geschieht.
Doch alles Neue baut auf dem Alten auf,
so war es schon immer, in aller Zeiten Lauf.

Heute wollen wir alles besser
und schneller verstehen,
was wirklich „wichtig" ist, vergessen wir oft zu sehen.
Historische Ereignisse - Fakten am laufenden Band,
doch was war es wirklich,
was die Menschen verband?

Gemeinsam dem Schicksal begegnen.
Familien zusammen halten,
auch auf schweren Wegen.
Sich gegenseitig stützen – zueinander stehen.
Sich helfen – das Schöne im Anderen sehen.

Hören wir hin und lernen wir
von den alten Geschichten.
Von wahren Gefühlen werden sie uns berichten.
Erzählen von des Lebens Freude und dem Schmerz.
Sie machen uns betroffen – öffnen unser Herz. …

Ausgesprochen heilen viele Wunden,
auch deshalb sind sie wichtig, diese Runden.
Lernen wir vergangenes Schicksal
mit Achtung zu sehen,
werden wir
unser eigenes Schicksal besser verstehen.

Inseln des Alltags

Gemeinsam erzählen und zusammen sein.
Man fühlt sich wohl – man lässt sich ein.
Wie lange
haben wir nicht mehr beisammen gesessen,
zusammen gekocht – zusammen gegessen?

Streitgespräche, lachen, einfach sein,
manche Lösungen fallen einem nur gemeinsam ein.
Viel Kraft bekomme ich in diesen Stunden,
den Inseln des Alltags – den fröhlichen Runden.

Frauenträume

Frauenträume brauchen Räume,
lass dich auf das Leben ein,
Gemeinsam können wir uns stützen,
keine braucht allein zu sein.

Gemeinsam können wir viel erreichen,
wenn hört auf der Vergleich,
ich entdecke meine Stärken
und weiß doch, wir sind alle gleich.

Frauenträume brauchen Räume,
Gemeinsamkeit ist schön.
Nichts mehr dem anderen neiden,
zu den eigenen Stärken stehen.

Gemeinsam können wir handeln
und gemeinsam sind wir stark,
so kann behütet wachsen,
was sich so lang verbarg.

Frauenträume brauchen Räume,
dann gewinnen sie an Kraft,
gemeinsam ist es leichter,
gemeinsam schnell geschafft.

Auch Blumen wachsen langsam,
bis sie in Blüte stehen,
so brauch auch ich Zeit zum Wachsen,
um voll zu mir zu stehen. ...

Frauenträume brauchen Räume,
denn sonst fließen sie dahin,
weil alleine ich oft einsam
und ohne Hoffnung bin.

Ich fühle mich geborgen,
finde Bestätigung und Trost,
und kann dem Anderen helfen
bei seines Alltags Los.

Frauenträume brauchen Räume,
dann wachsen sie und blühen,
dann steh ich voll im Leben,
kann Freundschaft und Liebe fühlen.

Nicht auf die Blumen in Nachbars Garten,
auf mich selber will ich schauen,
mich für Veränderung öffnen
und mir selber fest vertrauen.

Frauenträume brauchen Räume,
lass uns gemeinsam gehen,
gemeinsam ist es leichter,
zum eigenen Weg zu stehen.

Frau und Technik

Wie sollen Frauen den Umgang mit Technik schätzen,
wenn die Technik folgt männlichen Gesetzen.
Kann ihre Herangehensweise eine andere sein,
lassen Frauen sich gerne auf Technik ein.

Verlässt sich eine Frau auf den Instinkt,
sie weibliche Intuition und ihr Wissen mitbringt,
dann verlässt sie auch nicht der Mut
und sie durchblickt selbst komplexe Technik gut.

Doch will man ihr diesen Zugang verwehren,
darf man sich nicht über ihre Ablehnung beschweren.
Frauen setzen gerne Technik ein,
doch ihre Erfahrung muss weiblich sein.

Glaubenssätze bremsen schon seit Generationen,
dennoch kann ein Umdenken sich wirklich lohnen.
Denn setzt eine Frau die Technik auf ihre Weise ein,
kann Technik auch ganz einfach sein.

Neue Horizonte

Reisen, um meinem Wissen Neues hinzuzufügen,
nicht um mich zu verstecken,
vor meines Lebens Lügen.
Wenn ich selber bei mir zu Hause bin,
bekommt das Reisen einen neuen Sinn.

Nicht suchen,
weil ich etwas in mir verloren glaubte,
nicht reisen,
weil mir etwas die Ruhe raubte.
Nein, reisen,
um Neuen zu entdecken,
aufbrechen, um mir immer neue Ziele zu stecken.

Neue Horizonte, fremde Länder und Kulturen,
neue Eindrücke hinterlassen Spuren.
Welche eine Bereicherung kann das Reisen sein,
lass ich mich mit Neugier auf das Erleben ein.

Schmetterlingszeit

Wenn alles in dir nach Entfaltung schreit,
du dir sicher bist, jetzt ist es soweit,
dann bleib ganz ruhig und halt dich bereit,
jetzt kommt die Schmetterlingszeit.

Wenn du Wollen und Handeln in Einklang bringst,
Rückschläge nicht mehr persönlich nimmst,
dann freue dich und sei bereit,
jetzt beginnt die Schmetterlingszeit.

Wenn du tust, was dir Freude bringt,
dir Harmonie auch im Alltag gelingt,
dann weißt du Bescheid,
es ist Schmetterlingszeit.

Wenn Menschen dir Beistand und Stütze sind,
dich nichts mehr so leicht aus der Ruhe bringt,
dann weißt du, endlich ist es soweit,
jetzt erlebst du die Schmetterlingszeit.

Wenn das Leben dir große Freude macht,
du dich ausprobierst und dein Herz dabei lacht,
du erlebst, alles steht für dich bereit,
dann fühlst du die Schmetterlingszeit.

Wenn es leicht ist zu leben und zu lieben,
du weißt, jetzt kannst du fliegen,
und du fühlst, wie die Lebensfreude in dir schreit,
dann genieße die Schmetterlingszeit.

Einlassen

Uns trennt nichts, sonst wären wir nicht verbunden
und ich würde dich nicht spüren,
in so manchen Stunden.
Deine Liebe ist ewig – du verlässt mich nie.
Die Trennungen gestalte ich selber, doch wie?

Manchmal möchte ich selber gestalten,
dann sperre ich dich aus.
Bin ich dann verzweifelt,
hole ich dich zurück in mein Haus.
Du weilst in meinem Leben wie ein ständiger Gast,
weil ich mir vorstelle,
dass du keine Zeit für mich hast.

Dann sage ich wieder:
„So viel Glück kann doch nicht sein!"
und wieder lasse ich dich nicht in mein Leben rein.
„Bin ich es wert?" – Ein weiterer Gedanke
und schon baue ich zwischen uns eine Schranke.

Geben und Nehmen im Einklang erleben,
Liebe nehmen – Liebe geben.
Liebe und Austausch kann nur gemeinsam gelingen,
doch deine Liebe annehmen ist ein ständiges Ringen.

Dich zu lieben fällt mir nicht schwer,
doch von dir geliebt zu fühlen - sehr.
So viel Liebe – ich kann es kaum fassen.
Wie lange noch will ich die Trennung belassen?

Auf dem Weg

Wege suchen,
Wege finden,
Wege gehen,
auf dem Weg sein.

Liebe suchen,
Liebe finden,
Liebe geben,
in Liebe sein.

Vertrauen suchen,
Vertrauen finden,
Vertrauen geben,
im Vertrauen sein.

Ein Zuhause suchen,
das Zuhause finden,
im Zuhause leben,
zuhause sein.

In Liebe und Vertrauen
auf dem Weg „nach Hause" sein.

Zuversicht

Jeden Tag dürfen wir uns neu besinnen.
Jeden Tag Neues beginnen.
Altes geht zu Ende – Neues wird geboren.
Gottes Liebe zu uns geht niemals verloren.

Weitere Bücher

von

Telse Maria Kähler

Im Land der Großen Wasser

„Ich will herausfinden, ob ich einen Koffer bei den Indianern habe", schwärmt Anna. Die Kinder sind aus dem Haus, ihr Mann konzentriert sich nur noch auf seine Karriere. Um ihre Lebensfreude wiederzufinden, begibt sich Anna auf eine Reise nach Kanada und an die Großen Seen Nordamerikas. Unter dem Vorwand, Recherchen für ihr Buch zu betreiben, hofft sie bei den Indianern Antworten auf ihre Lebensfragen zu finden. Doch immer wieder begegnet sie diesem Robert, der sie aus der Fassung bringt …

Roman

Eisprinzessin sucht Liebe

Eine heitere Liebesgeschichte, die auf humorvolle Weise die Erlebnisse von Lisa erzählt, die mitten im Berufsalltag eines Gründerzentrums ihr Frausein neu entdeckt, um dabei festzustellen, wie wenig sie eigentlich über sich selber weiß. Und das alles nur, weil Jakob plötzlich in ihr Leben purzelt und sie nun zwischen zwei Männern steht.

Roman

Die Autorin:

Telse Maria Kähler wurde 1954 in Lübeck geboren. Sie ist verheiratet, hat zwei erwachsene Kinder und lebt in Isenbüttel.

Besuchen Sie die Internetseite der Autorin:
www.telse-maria-kaehler.de